# "EL OCULTISMO DE LA MAFIA EN EUROLATINOAMERICANO"

NELLYS DELVALLE MALAVE SANCHEZ

JOSE ALEXANDER FARFAN

# "EL OCULTISMO DE LA MAFIA  EN EUROLATINOAMERICANO"

## AUTORES:

### NELLYS DELVALLE MALAVE SANCHEZ

### JOSE ALEXANDER FARFAN

## DEDICATORIA

*Dedicado a aquellos que desean adentrarse en los oscuros secretos de la mafia y descubrir cómo el ocultismo ha influido en su historia, presento **"El Ocultismo de la Mafia en Eurolatinoamericano". Este libro** es el resultado de años de investigación y recopilación de testimonios, documentos y fuentes confidenciales que revelan información impactante y desconocida sobre la relación entre el mundo del crimen organizado y las prácticas ocultas.*

*A través de estas páginas, te sumergirás en un viaje turbulento por los callejones más peligrosos de Eurolatinoamérica, donde la oscuridad y el misterio se entrelazan con la violencia y el poder. Descubrirás cómo la mafia ha utilizado el ocultismo como una herramienta para mantener su dominio y control sobre la sociedad, así como para alcanzar sus objetivos más siniestros.*

*Desde la influencia de la magia negra en los rituales y juramentos de lealtad de los miembros de la mafia, hasta la manipulación de fuerzas sobrenaturales para obtener protección y ventajas en sus operaciones ilegales, "El Ocultismo de la Mafia en Euro* _latinoamericano"_ desentraña los hilos invisibles que conectan estos dos mundos aparentemente opuestos.

_Además_, este libro te llevará más allá de los estereotipos de los mafiosos y te acercará a la verdadera historia de estas organizaciones criminales. Descubrirás las tradiciones y creencias que han sido transmitidas de generación en generación, y cómo han influido en la forma en que operan y piensan los miembros de la mafia.

_A_ medida que te adentres en las páginas de esta obra, tendrás acceso a detalles y anécdotas nunca antes reveladas, que te mostrarán la cara oculta de la mafia y las prácticas ocultas que los han mantenido en la cima del poder durante décadas. Desde pactos demoníacos hasta rituales de protección.

# INDICE

## *AGRADECIMIENTO*

Agradezco profundamente a todos aquellos que han contribuido a la realización de este libro. El ocultismo de la mafia en Eurolatinoamericano, ya que su apoyo ha sido invaluable en cada paso del camino. En primer lugar, quiero expresar mi sincero agradecimiento a mi familia, cuyo amor incondicional y constante aliento han sido mi mayor inspiración. Gracias por creer en mí y por ser mi fuente inagotable de apoyo.

Mi gratitud se extiende a mis amigos, cuya paciencia y aliento han sido fundamentales durante este proceso. Sus palabras de aliento y comprensión han sido un bálsamo en los momentos difíciles, y su celebración en los triunfos ha duplicado la alegría.

Quiero reconocer y agradecer a mi editor y al equipo editorial por su arduo trabajo y dedicación. Su experiencia y orientación han sido esenciales para dar forma a este proyecto y llevarlo a su máxima expresión. Gracias por convertir mis ideas en palabras pulidas y por su compromiso con la excelencia.

Agradezco también a mis mentores y profesores, cuya sabiduría y orientación han sido fundamentales en mi desarrollo como escritor. Su influencia ha dejado una marca indeleble en mi enfoque creativo y en mi comprensión del arte de contar historias.

No puedo pasar por alto el agradecimiento a mis lectores, quienes dan vida a estas páginas con su atención y aprecio. Sin su apoyo, este libro no sería más que palabras en el papel. Agradezco sinceramente cada comentario, cada crítica constructiva y cada momento compartido a través de estas páginas.

En resumen, este libro es el resultado de un esfuerzo colectivo, y mi corazón rebosa de gratitud hacia todos aquellos que han sido parte de este viaje. Gracias por ser parte de esta historia y por hacer que este sueño se haga realidad.

## CAPITULO I

## HISTORIA DE LA MAFIA

*El Ascenso de la Mafia  Era la década de 1905 en la ciudad de Nueva York, un tiempo de cambio y oportunidades. La Ley Seca había sido impuesta, prohibiendo la venta y producción de alcohol en todo el país. Sin embargo, en lugar de eliminar el consumo de alcohol, esta ley había creado un mercado negro próspero y peligroso.*

*En el corazón de esta nueva industria clandestina se encontraba la mafia, una red de sindicatos criminales que se encargaba de controlar el tráfico de alcohol ilegal. Con el paso del tiempo, su poder e influencia se hicieron cada vez más evidentes.*

*La mafia estaba liderada por hombres ambiciosos y despiadados que no dudaban en utilizar cualquier medio necesario para alcanzar sus objetivos. Uno de los líderes más destacados era Vito "El Padrino" Ricci, un hombre inteligente y astuto que sabía cómo mantener el control sobre su territorio.*

*El Padrino Ricci tenía una vasta red de contactos que incluía a políticos corruptos, jueces sobornables y policías dispuestos a mirar hacia otro lado a cambio de una suma de dinero. Estos contactos le permitían mantenerse en la cima de la pirámide criminal y evitar ser atrapado por las autoridades.*

*Pero no todo era fácil para la mafia. A medida que su poder crecía, también lo hacían sus enemigos. Otras familias y pandillas criminales buscaban desafiar el dominio del Padrino y apoderarse de su territorio. Esto llevó a una guerra sangrienta y despiadada entre las diferentes facciones. La guerra de la mafia alcanzó su punto más álgido en 1931, cuando se produjo la famosa "Noche de los Cuchillos Largos". Durante esa noche, Vito Ricci y sus hombres eliminaron a sus rivales más peligrosos, asegurándose así su dominio sobre la ciudad.*

*A partir de ese momento, la mafia consolidó su poder y se expandió a otras ciudades de Estados Unidos. Sus actividades abarcaban desde el tráfico de drogas y armas hasta el juego ilegal y la extorsión*

## ORIGEN Y DESARROLLO DE LA MAFIA

*La mafia es una organización criminal que ha existido durante siglos y que ha dejado una profunda huella en la historia de varios países. Aunque se asocia principalmente con Italia y Estados Unidos, el origen y desarrollo de la mafia se remonta a tiempos antiguos y se ha expandido por todo el mundo. En este ensayo, analizaremos los orígenes de la mafia y cómo ha evolucionado a lo largo del tiempo.*

*La palabra "mafia" proviene del término italiano "mafioso", que significa "temerario". Aunque su origen exacto es incierto, los primeros registros de la mafia se remontan al siglo XVIII en Sicilia, una isla ubicada al sur de Italia. Sicilia, en aquel entonces, era una región dominada por la violencia y la inestabilidad política. Los campesinos estaban sometidos a la explotación de los terratenientes y las autoridades locales, lo que llevó a la formación de grupos de protección y defensa llamados "mafiosos".*

*Estos grupos mafiosos no solo buscaban*

*proteger a los campesinos de la opresión, sino que también se involucraban en actividades ilegales, como el contrabando de bienes y el juego clandestino. Esto les permitía obtener beneficios económicos y aumentar su influencia en la región. A medida que la mafia ganaba poder, también establecía vínculos con la política y las fuerzas de seguridad, lo que le proporcionaba una mayor protección y control sobre su territorio.*

## A MEDIADOS DEL SIGLO XIX LA MAFIA PRINCIPALES FAMILIAS Y ORGANIZACIONES

*A mediados del siglo XIX, la mafia siciliana ya era una organización criminal bien establecida y reconocida en toda Italia. Sin embargo, no fue hasta finales del siglo XIX y principios del XX cuando la mafia siciliana comenzó a expandirse a nivel internacional. La emigración masiva de italianos a países como Estados Unidos y Argentina permitió que la mafia extendiera su influencia y operaciones a nivel global.*

*En Estados Unidos, la mafia siciliana, conocida como la "Cosa Nostra", se convirtió en una fuerza dominante en las ciudades de Nueva York y*

*Chicago durante la Ley Seca. Aprovechando la prohibición*

## PRINCIPALES FAMILIAS Y ORGANIZACIONES

*Existen numerosas familias y organizaciones que han desempeñado papeles destacados en la historia y el desarrollo de diferentes sociedades en todo el mundo. A continuación, se presentan algunas de las principales familias y organizaciones en diferentes ámbitos y regiones:*

*1. Familia Rothschild: Esta familia de banqueros e inversionistas ha sido una de las más influyentes en el mundo financiero desde el siglo XVIII. Han sido conocidos por su influencia en la economía y la política de varios países, especialmente en Europa.*

*2. Familia Rockefeller: Los Rockefeller son conocidos por su riqueza acumulada a través de la industria petrolera en los Estados Unidos. Han sido importantes filántropos y han establecido numerosas fundaciones que* apoyan la educación, la investigación médica y otras causas.

3. *Familia Kennedy:* Esta familia estadounidense ha desempeñado un papel importante en la política de los Estados Unidos. Varios miembros de la familia han ocupado cargos públicos, incluidos el presidente John F. Kennedy y su hermano Robert Kennedy.

4. *Familia DuPont:* La familia DuPont es conocida por su papel en la industria química. Han sido líderes en el desarrollo y la fabricación de productos químicos y materiales avanzados durante más de dos siglos.

5. *Familia Bush:* La familia Bush ha tenido una gran influencia en la política de los Estados Unidos. Tres miembros de la familia han ocupado el cargo de presidente: George H. W. Bush, su hijo George W. Bush y su nieto Jeb Bush también ha sido candidato presidencial.

6. *Familia Grimaldi:* La familia real de Mónaco, liderada por los Grimaldi, ha gobernado el pequeño principado desde el siglo XIII. Han sido conocidos por su

*glamour, especialmente por la actriz y princesa Grace Kelly.*

*7. Familia Real Británica: La familia real británica es una de las más conocidas y reconocibles del mundo. La reina Isabel II es la monarca más longeva de la historia británica y ha desempeñado un papel importante en el desarrollo de la institución y su relevancia en la actualidad.*

## CAPITULO II
## LA VENGANZA EN LA MAFIA

*"La venganza de la mafia" es un tema que, aunque puede ser interesante en la ficción, es importante recordar que la mafia es una organización criminal peligrosa y real. La venganza es un aspecto común dentro de la cultura de la mafia, donde los miembros buscan vengarse de aquellos que los han traicionado o han hecho daño a la organización.*

*Sin embargo, es importante destacar que la mafia no es algo con lo que debamos glorificar o promover. Sus actividades incluyen extorsión, tráfico de drogas, fraude, asesinatos y otros delitos graves. La mafia representa un peligro para la sociedad y sus acciones tienen* un impacto negativo en las comunidades en las que operan.

En cambio, hay muchas maneras más positivas y constructivas de buscar justicia y resolver los conflictos. Fomentar valores como el respeto, la honestidad y la cooperación nos ayudará a construir una sociedad más segura y justa.

Desarrollo:

Una de las principales estrategias adoptadas por los países es fortalecer las leyes contra el crimen organizado y la corrupción. Esto implica la promulgación de leyes más estrictas y la implementación de mecanismos efectivos de investigación y persecución penal. Además, se han creado unidades especializadas encargadas de desmantelar las organizaciones criminales y llevar a sus líderes ante la justicia.

## INTERCAMBIO DE INFORMACION Y COOPERACION

Otro aspecto fundamental en la lucha contra la mafia es la cooperación internacional. Las organizaciones criminales no conocen fronteras y, por lo tanto, requieren de la colaboración entre diferentes *países para enfrentarlas de manera efectiva. Esto implica el intercambio de información, la extradición de criminales y la adopción de medidas conjuntas para debilitar las redes criminales.*

*La prevención y la educación también juegan un papel clave en la lucha contra la mafia. Es fundamental concienciar a la sociedad sobre los peligros de la participación en actividades ilegales y fomentar los valores de la honestidad, la justicia y la legalidad. Además, es necesario brindar oportunidades y alternativas a las comunidades vulnerables, para que no caigan en las redes de la delincuencia organizada.*

## CONSECUENCIAS Y RETOS

*Aunque los avances en la lucha contra la mafia son evidentes, aún existen desafíos significativos. Las organizaciones criminales son adaptables y buscan nuevas formas de eludir la ley.*

# CAPITULO III
# IMPORTANCIA Y PAPEL DE LA VENGANZA EN LA CULTURA MAFIOSA

*La venganza en la mafia está regida por un conjunto de códigos y reglas que garantizan que las represalias sean justas y evitan una violencia sin control. Estos códigos y reglas son los siguientes:*

**1. Ofensa grave: Para que sea justificada una venganza, la ofensa debe ser considerada grave. Este puede incluir el asesinato de un miembro de la familia, traición, robo significativo, violación de acuerdos establecidos, entre otros actos de extrema gravedad.**

**2. Autorización de los superiores: Antes de llevar a cabo cualquier acto de venganza, se debe obtener la autorización de los superiores de la organización. Esto evita que los miembros tomen decisiones por su cuenta y se asegura de que la acción esté en línea con los intereses de la mafia.**

**3. Investigación exhaustiva: Antes de tomar represalias, se debe realizar una investigación exhaustiva para asegurarse de que la persona o grupo responsable de la ofensa sea identificado correctamente. Esta etapa es crucial para evitar acciones equivocadas o represalias injustas.**

**4. Explicación y advertencia: Antes de llevar a cabo la venganza, se debe proporcionar una**

*explicación clara y una advertencia a la persona o grupo responsable. Esto les brinda la oportunidad de rectificar su error o enfrentar las consecuencias*

*5. Proceso de negociación: En algunos casos, es posible que se busque una negociación o un acuerdo en lugar de una venganza directa. Esto puede implicar el pago de una compensación o el establecimiento de nuevos términos para evitar futuros conflictos.*

*6. Proporcionalidad: La venganza debe ser proporcionada a la gravedad de la ofensa. No se permite excederse en la respuesta, ya que esto podría desencadenar una espiral de violencia que no es beneficiosa para la mafia.*

*7. Secreto y discreción: Todos los aspectos de la venganza, incluyendo la planificación, ejecución y resultados, deben mantenerse en secreto y tratarse con discreción. Esto evita la exposición innecesaria.*
*En el oscuro mundo de la mafia, la venganza ocupa un papel fundamental. Para comprender su importancia, es necesario entender los principios que rigen esta culturización y violenta.*

> *La cultura mafiosa, venganza se considera una forma legítima del respeto. Cuando un miembro de la mafia es agraviado de alguna manera, la venganza se convierte en una necesidad, una obligación sagrada para proteger el honor y la reputación de la familia.*
>
> *La venganza puede tomar diversas formas, desde daños físicos hasta la eliminación completa del ofensor. Sin embargo, no es solo la retribución física lo que importa, sino también el mensaje que se envía a través de ella. Cada acto de venganza es una advertencia clara y contundente: nadie puede burlarse de la mafia impunemente. Esto crea un ambiente de temor y respeto entre los miembros y asegura la lealtad inquebrantable hacia la organización.*

## LA PLANIFICACION DE UNA VENGANZA ES METICULOSA Y CUIDADOSA

*La planificación de una venganza es meticulosa y cuidadosa. Los detalles se discuten en reuniones secretas, bajo un manto de sigilo y absoluto compromiso. Los miembros de la familia mafiosa deben asegurarse de que la venganza se lleve a cabo de manera efectiva, sin dejar rastro alguno. Cada paso se ejecuta con precisión, desde la obtención de información sobre el enemigo hasta la elección del momento perfecto para actuar.*

> **La venganza se convierte en un ciclo infinito en la cultura mafiosa. Un acto de represalia puede llevar a otro, desencadenando una cadena de violencia interminable. Este ciclo de venganza perpetúa la cultura de la mafia y fortalece sus lazos, manteniendo la lealtad entre sus miembros. Sin embargo, la venganza también tiene sus consecuencias. A medida que el número de agraviados aumenta, la atención de las fuerzas del orden se intensifica. La mafia se enfrenta a una creciente presión externa**

## *CODIGOS Y REGLAS DE LA VENGANZA*

*La noche estaba envuelta en silencio cuando el Don Giovanni se reunió con sus capos en el oscuro sótano de su mansión. La tensión era palpable mientras todos esperaban las órdenes del líder de la mafia. "Hermanos", comenzó Giovanni, "hoy vamos a hablar sobre un tema crucial: la lealtad y la traición".*

Las caras de los capos se tornaron serias, conscientes de lo que estaba en juego. Giovanni continuó: "En nuestra familia, la lealtad es el pilar fundamental. Juramos lealtad a la familia, a la causa y a mí como su líder. Pero, desafortunadamente, la traición también es una realidad que debemos enfrentar". Uno de los capos, Luca, levantó la mano y preguntó: "Don Giovanni, ¿cómo distinguimos entre un acto de traición y una simple disputa?".

El Don sonrió, apreciando la pregunta inteligente de Luca. "La traición no solo se trata de ir en contra de la familia abiertamente. También puede manifestarse en acciones que socavan nuestros intereses o nuestra autoridad", respondió Giovanni.

"En este negocio, la lealtad se demuestra a través de la confidencialidad. Los secretos de la familia no se comparten con extraños ni con enemigos. La deslealtad es como una plaga que debe ser erradicada. Y aquí es donde entra en juego nuestra regla de oro: la venganza".

Los capos intercambiaron miradas, entendiendo la gravedad de las palabras del Don. Giovanni *continuó: "Nunca tomamos la venganza a la ligera, pero cuando alguien traiciona a la familia, debemos asegurarnos de que paguen por sus actos. Sin embargo, debemos ser justos y prudentes. No actuaremos impulsivamente, sino con una estrategia bien pensada".*

## CAPITULO IV

## EL DON CERO EL TEMA CON UNA ADVERTENCIA LOS "TRIADORES ERAN CASTIGADOS"

*El Don cerró el tema con una advertencia: "Los traidores serán castigados, sin importar cuán alto estén en la familia. La lealtad es la clave para mantenernos unidos y fuertes.*

*El ciclo y la venganza de la mafia es un fenómeno común en el mundo criminal. La mafia es conocida por sus estructuras jerárquicas y su código de honor, que se basa en la retaliación y la venganza.*

*Cuando un miembro de la mafia es agraviado o asesinado, sus asociados están obligados a buscar venganza en nombre del honor y la lealtad. Esta búsqueda de venganza puede desencadenar un ciclo interminable de represalias y violencia.*

*En este ciclo, el grupo ofendido lleva a cabo un acto de venganza contra los responsables del agravio. A continuación, los asociados de aquellos que fueron vengados buscarán venganza contra los perpetradores originales, y así sucesivamente. Este ciclo puede repetirse varias veces, resultando en una espiral de violencia y muerte. Sin embargo, es importante tener en cuenta que este comportamiento es característico de la mafia y otros grupos criminales organizados, y no refleja la norma en la sociedad en general. La mayoría de las personas no tienen la misma mentalidad de venganza y buscan resolver los conflictos de manera pacífica y legal.*

## *ANALISIS DE LAS ETAPAS DEL CICLO DE LA VENGANZA EN LA MAFIA*

*La mafia es una organización criminal que ha existido durante siglos y ha sido objeto de fascinación y estudio.*

*Los investigadores, escritores y cineastas. Uno de los temas que se ha explorado en gran medida en relación con la mafia es el ciclo de la venganza, una dinámica que ha sido un elemento central en muchas organizaciones criminales.*

*El ciclo de la venganza es un proceso en el que un acto de violencia o traición desencadena una serie de represalias y venganzas entre diferentes miembros de la mafia. Esta dinámica se basa en gran medida en la idea de que el honor y la lealtad son fundamentales en la jerarquía de la mafia, y la traición se considera una ofensa grave que debe ser castigada.*

*El ciclo de la venganza puede comenzar con un acto de traición por parte de un miembro de la mafia hacia otro. Esto puede incluir cualquier cosa, desde la violación de un acuerdo comercial hasta el asesinato de un miembro de la familia. Una vez que se ha cometido esta traición, se espera que la parte afectada tome represalias para restaurar el equilibrio y mostrar su poder y autoridad en la organización.*

*La represalia puede tomar muchas formas, desde un asesinato directo hasta la destrucción de propiedades, el secuestro de seres queridos o la humillación pública. La elección de la represalia a menudo está influenciada por la cultura y las tradiciones de la mafia en particular, así como por la personalidad y la influencia del líder de la organización.*

*Una vez que se ha llevado a cabo la represalia, es probable que la parte afectada busque venganza por la represalia que sufrió. Esto puede llevar a un ciclo continuo de violencia y venganza, con cada acto de violencia generando una respuesta aún más violenta.*

*El ciclo de la venganza puede continuar indefinidamente, a menos que se alcance algún tipo de acuerdo o mediación para poner fin a la violencia. En algunos casos, terceras partes pueden intervenir para tratar de poner fin a la espiral de violencia y buscar una solución pacífica.*

# CAPITULO V

## ORGANIZACIONES EN CASOS DESTACADOS

*La mafia siciliana: También conocida como la Cosa Nostra, es una de las organizaciones criminales más famosas y antiguas del mundo. Surgió en Sicilia, Italia, en el siglo XIX y ha ejercido un gran control en diversas industrias, como el tráfico de drogas, extorsión, juego ilegal y corrupción política.*

*La mafia rusa: Conocida como la Bratva, la mafia rusa ha tenido una gran influencia en el crimen organizado a nivel internacional. Se ha especializado en actividades como el tráfico de armas, secuestros, extorsión y tráfico de personas.*

*La mafia colombiana: En la década de 1980 y 1990, los carteles del narcotráfico en Colombia, como el de Medellín liderado por Pablo Escobar, tuvieron un enorme poder y control en el país. Estas organizaciones criminales se dedicaban al tráfico y producción de drogas, lavado de dinero y asesinatos.*

*La mafia japonesa (Yakuza): Es una organización de criminales que tienen una larga historia y tradición. Se han involucrado en actividades ilegales como la extorsión, el juego ilegal, el tráfico de drogas y la prostitución.*

*La mafia estadounidense (La Cosa Nostra): Durante el siglo XX, la mafia italoamericana tuvo un gran poder en varias ciudades de Estados Unidos, como Nueva York, Chicago y Las Vegas. Controlaban actividades ilegales como el juego, el tráfico de drogas y la extorsión.*

# CAPITULO VI

## LA MAFIA EN EUROPA

*La mafia en Europa ha sido un fenómeno histórico que ha dejado un impacto duradero en la sociedad y la política de muchos países. Desde sus inicios en Italia en el siglo XIX, hasta su expansión a otros países europeos, la mafia ha sido sinónimo de crimen organizado, corrupción y violencia.*

*La mafia italiana, conocida como la Cosa Nostra, ha sido una de las organizaciones criminales más notorias de Europa. Su poder se ha extendido desde Sicilia hasta otras regiones de Italia, e incluso ha influido en la política y la economía del país. La Cosa Nostra ha estado involucrada en actividades como el tráfico de drogas, extorsión, asesinatos y lavado de dinero.*

*Otra mafia italiana que ha tenido un impacto significativo en Europa es la 'Ndrangheta. Originaria de Calabria, esta organización ha expandido su influencia más allá de las fronteras italianas, estableciendo redes criminales en países como Alemania, España y los Países Bajos. La 'Ndrangheta es conocida por su participación en el tráfico de drogas, especialmente cocaína, así como en el contrabando de armas y la explotación laboral.*

*Además de las mafias italianas, existen otras organizaciones criminales en Europa que han dejado su huella. La mafia rusa, conocida como la Bratva, se ha expandido por toda Europa del Este y ha estado involucrada en actividades como el tráfico de armas, el tráfico de personas y el crimen organizado en general. También hay mafias de Europa del Este que operan en países como Alemania y Austria, donde se dedican al tráfico de drogas y al robo.*

*La influencia de la mafia en Europa no se limita solo al crimen organizado. Muchas veces, la corrupción política y empresarial ha sido una forma en la que estas organizaciones han extendido su poder. A través de sobornos y extorsiones, han logrado infiltrarse en instituciones gubernamentales y empresas, lo que ha socavado la democracia y la transparencia en muchos países europeos.*

## CAPITULO VII

## MODO OPERANDI

*Su modus operandi se basa en una estructura jerárquica, con un líder supremo conocido como "capo di tutti capi" o "jefe de todos los jefes".*

*La mafia europea se caracteriza por operar en diferentes sectores como el tráfico de drogas, la extorsión, el juego ilegal, la corrupción, el lavado de dinero y el tráfico de armas. Su principal objetivo es obtener un control total sobre la economía subterránea y utilizar su influencia para tener un poder político en la sociedad.*

*Una de las principales actividades de la mafia europea es el tráfico de drogas. Conexiones internacionales les permiten importar grandes cantidades de narcóticos desde países productores, como Colombia y México, y distribuirlos a través de una red de distribución en los países europeos. Utilizan métodos innovadores para ocultar las drogas, como compartimentos secretos en vehículos o embarcaciones.*

# CAPITULO VIII

## TRAFICO DE ARMAS

### LA EXTORSION Y LA CORRUPCION

La extorsión es otra forma de obtener ingresos para la mafia europea. A través del miedo y la intimidación, obligan a los negocios locales a pagar una "protección" para evitar daños o pérdidas. Este dinero se utiliza para financiar sus actividades criminales y mantener su influencia en la comunidad.

La corrupción es un elemento clave en el modus operandi de la mafia europea. A través del soborno, la mafia se infiltra en instituciones gubernamentales, fuerzas de seguridad y sistemas judiciales para garantizar su impunidad y asegurar que sus intereses
Sean protegidos. Esto les permite operar sin obstáculos y evitar la persecución penal.

# CAPITULO IX

## EL LAVADO DEL DINERO

En cuanto al lavado de dinero, la mafia europea utiliza diversas empresas legales para *mezclar ganancias ilícitas con dinero legal. Utilizan inversiones en bienes raíces, restaurantes, hoteles y otras empresas para disfrazar el origen de sus fondos. Además, utilizan bancos y paraísos fiscales para mover y ocultar su dinero, dificultando su rastreo.*

*La falsificación de facturas es una práctica delictiva la cual se altera o una factura falsa con el de justificar ingresos ilícitos como ganancias legitimas. Esta actividad ilegal es comúnmente a la por organizaciones criminales, como la mafia, para establecer negocios legítimos como fachada y encubrir sus actividades ilegales.*

*El proceso de falsificación de facturas implica la manipulación de información financiera en documentos legales para generar pruebas falsas de transacciones comerciales. Esto se lleva a cabo mediante la modificación de detalles tales como fechas, montos, nombres de empresas y servicios prestados. Estas facturas falsas se utilizan para justificar el origen de los fondos de origen ilícito, ocultando así las actividades criminales que los generaron.*

La mafia suele utilizar este método para legitimar los ingresos obtenidos a través de actividades ilegales como el tráfico de drogas, la extorsión, el juego ilegal, entre otros. Al establecer negocios legítimos como fachada, las organizaciones criminales pueden generar facturas falsas que aparentan ser ingresos provenientes de actividades comerciales legales.

Además de encubrir sus actividades ilegales, la falsificación de facturas también permite a la mafia evadir impuestos y eludir el control y la supervisión de las autoridades fiscales. Al generar facturas falsas, pueden crear una apariencia de cumplimiento tributario mientras desvían dinero hacia cuentas no registradas o paraísos fiscales.

Esta práctica delictiva tiene graves consecuencias tanto para la economía como para la sociedad en general. La falsificación de facturas contribuye a la evasión fiscal y al deterioro de la inversión y el crecimiento económico. Además, afecta la competencia leal entre empresas legítimas, ya que las organizaciones criminales pueden ofrecer precios más competitivos al no pagar impuestos o cumplir con regulaciones comerciales.

*Para combatir la falsificación de facturas, las autoridades han implementado medidas de control y supervisión más rigurosas, como la implementación de sistemas:*

*Electrónicos de facturación y el fortalecimiento de la cooperación entre las autoridades.*

## CAPITULO X

### EN AMERICA LATINA TAMBIEN EXISTEN DIVERSAS ORGANIZACIONES CRIMINALES

*Que se asemejan a la mafia, como el cartel de Medellín y el cartel de Cali.*

*Como el cartel de Medellín y el cartel de Cali en Colombia, el cartel de Sinaloa en México y el Primer Comando da Capital en Brasil, solo por nombrar algunos ejemplos. Estas organizaciones están involucradas en actividades ilegales como el tráfico de drogas, la extorsión, el lavado de dinero y el asesinato.*

*Es importante mencionar que la mafia es una entidad ilegal y su actividad delictiva tiene graves consecuencias sociales y económicas en las regiones donde opera. Los gobiernos y las fuerzas de seguridad de los países afectados trabajan en conjunto para combatir la mafia y sus operaciones, con el objetivo de mantener la seguridad y el bienestar de sus ciudadanos.*

*La mafia es una organización criminal que ha existido durante años y ha operado de diversas formas en diferentes lugares. Sin embargo, con el avance de la tecnología y el surgimiento de las redes sociales, también han encontrado nuevas formas de adaptarse y utilizar estas plataformas para llevar a cabo sus actividades delictivas.*

## CAPITULO XI

### LAS REDES SOCIALES PUEDEN SER UTILIZADAS POR LAS MAFIA DE VARIAS MANERAS

*Por ejemplo, pueden utilizar perfiles falsos para reclutar miembros, establecer contactos con otros grupos criminales o incluso atraer a posibles víctimas para extorsionar o amenazar. Además, las redes sociales también pueden ser utilizadas como una forma de comunicación entre los miembros de la mafia. Mensajes codificados o publicaciones aparentemente inocentes pueden tener un significado oculto para aquellos que están familiarizados con los códigos utilizados por estas organizaciones.*

*Por otro lado, las redes sociales también pueden ser utilizadas por las autoridades para rastrear y monitorear las actividades de la mafia. Los investigadores pueden utilizar técnicas de análisis de redes sociales y de minería de datos para identificar patrones de comportamiento y conexiones entre los miembros de estas organizaciones criminales.*

*En resumen, las redes sociales han proporcionado a la mafia nuevas oportunidades para llevar a cabo sus actividades delictivas y comunicarse entre sí, pero también han proporcionado a las autoridades herramientas para rastrear y combatir estas actividades.*

*En cuanto a los equipos de trabajo de la mafia, se refiere generalmente a las personas que forman parte de la organización y desempeñan diferentes roles dentro de ella. Estos equipos pueden incluir:*

*1. Jefes o líderes: Son los encargados de dirigir y coordinar las operaciones de la mafia. Toman decisiones estratégicas y aseguran que se cumplan las órdenes.*

*Capos: Son los subordinados directos de los jefes y tienen a su cargo un grupo de miembros de la mafia. Son responsables de supervisar y controlar las operaciones en una región o área específica.*

*Soldados: Son los miembros de bajo rango en la jerarquía de la mafia. Cumplen las órdenes de los capos y participan en actividades delictivas como el cobro de extorsiones o el tráfico de drogas.*

*Sicarios: Son los encargados de llevar a cabo*

*actos violentos, como asesinatos o intimidaciones, en nombre de la mafia.*

## CAPITULO XII

## LA GUERRA CONTRA LA MAFIA Y LOS JUICIOS HISTORICOS,

*En este capítulo, nos adentramos en la lucha de las autoridades contra la mafia y los esfuerzos por desmantelar sus operaciones. Exploramos importantes arrestos y juicios que debilitaron a la mafia y llevaron a la condena de figuras clave. Analizamos casos famosos como el juicio a los jefes de las cinco familias de Nueva York y cómo los testimonios de testigos protegidos ayudaron a debilitar a la organización.*

*Uno de los momentos más importantes en la guerra contra la mafia fue el juicio a los jefes de las cinco familias de Nueva York en la década de 1980. Esta histórica investigación y juicio, conocido como el "Juicio de la Comisión", marcó un hito en la lucha contra la mafia.*

*Durante el juicio, se presentaron pruebas contundentes que demostraban la existencia y las actividades criminales de la mafia. Testigos protegidos dieron testimonio sobre los asesinatos, la extorsión y la corrupción que caracterizaban a la organización. Como resultado, varios jefes y miembros de alto rango de la mafia fueron condenados y enviados a prisión. Otro juicio importante fue el caso de John Gotti, líder de la familia Gambiano, en la década de 1990. Conocido como el "Teflón Don", Gotti se había ganado el apodo debido a su habilidad para evitar ser condenado en casos anteriores. Sin embargo, las autoridades finalmente lograron reunir suficientes pruebas en su contra y Gotti fue condenado por asesinato y otras actividades delictivas. Este juicio fue otro golpe significativo para la mafia y demostró que nadie estaba por encima de la ley.*

*Estos juicios históricos marcaron un punto de inflexión en la lucha contra la mafia, ya que mostraron que la organización podía ser desmantelada y sus líderes podían ser llevados ante la justicia.*

*Además de los juicios, las autoridades implementaron estrategias para infiltrarse en la mafia, utilizando informantes y testigos protegidos para obtener información valiosa sobre las operaciones de la organización.*

*Aunque la mafia ha sido debilitada en cierta medida por estos esfuerzos, sigue existiendo en diferentes formas y continúa siendo una preocupación para las autoridades. Las nuevas generaciones de mafiosos han adoptado tácticas más sofisticadas y han diversificado sus actividades delictivas, como el narcotráfico y el lavado de dinero.*

*La guerra contra la mafia es una batalla constante y en evolución, en la que las autoridades deben estar un paso adelante para mantener a raya a esta organización criminal.*
*En resumen, el capítulo se enfoca en la guerra contra la mafia y los juicios históricos que han tenido un impacto significativo en la lucha contra esta organización. Estos juicios han demostrado que nadie está por encima de la ley y han debilitado el poder de la mafia. Sin embargo, la batalla contra la mafia continúa, ya que se adapta y evoluciona constante*

# CAPITULO XIII
# LA MAFIA EN LA ACTUALIDAD

*En este capítulo, examinamos el estado actual de la mafia y cómo ha evolucionado en el siglo XXI. Exploramos las nuevas formas de delincuencia organizada que han surgido, como el narcotráfico y el lavado de dinero, y cómo la mafia se ha adaptado a estas nuevas realidades. También analizamos los esfuerzos de las autoridades para combatir la mafia en la actualidad y cómo la influencia de la organización ha disminuido en algunos lugares, pero continúa siendo una preocupación en otro fin del capítulo. Próximamente se estará escribiendo los otros libros atentos gracias por creer en nosotros.*

# FIN OCULTISMO EN LA MAFIA
# EUROLATINOAMERICANO